Der Autor

Dipl.-Kfm. Wilfried Lühmann

1944 in Lüneburg geboren, studierte nach einer Banklehre Betriebswirtschaftslehre an den Universitäten Hamburg und Southampton/England. Nach einer weiteren Tätigkeit bei einem Kreditinstitut absolvierte er das Wirtschaftsreferendariat bei der Freien und Hansestadt Hamburg und ist seit 1975 Referent beim Landesrechnungshof.
Daneben ist er als Dozent bei der Akademie für Organisation, Gießen, und der Bundesakademie für öffentliche Verwaltung, Bonn, sowie als Lehrbeauftragter an der Fachhochschule für öffentliche Verwaltung, Hamburg, tätig.

ISBN 978-3-409-01743-5   ISBN 978-3-663-13152-6 (eBook)
DOI 10.1007/978-3-663-13152-6

Ursprünglich erschienen bei Betriebswirtschaftlicher Verlag Dr. Th. Gabler GmbH, Wiesbaden 1981.

Personalbedarfsermittlung und Stellenbewertung

Von

Dipl.-Kfm. Wilfried Lühmann

Inhaltsverzeichnis

A. Bestandteile des Personalbedarfs

Der zur Erfüllung einer Aufgabe erforderliche Personalbedarf muß unter qualitativen und quantitativen Aspekten betrachtet werden. Der **qualitative Personalbedarf** bestimmt die Wertigkeit der benötigten Stellen und wird durch die Stellenbewertung ermittelt. Demgegenüber gibt der **quantitative Personalbedarf** die Anzahl der für die Aufgabenerfüllung benötigten Stellen an und wird durch die Personalbemessung festgestellt.

Die kritische Würdigung des bestehenden organisatorischen Zustands ist Voraussetzung für die Bestimmung des Personalbedarfs; diese kann sinnvoll nur auf der Basis einer optimalen Organisation durchgeführt werden. Weitere Voraussetzung ist das Vorhandensein von Stellenbeschreibungen.

B. Ermittlung des quantitativen Personalbedarfs — Personalbemessung

I. Zwecke der Personalbemessung

Lernziel:

Sie sollen die Notwendigkeit und Bedeutung der Personalbemessung erkennen.

Die Ermittlung des quantitativen Personalbedarfs wird durchgeführt, damit

- die Aufgabenerfüllung gewährleistet werden kann,
- unnötige Personalkosten erkannt und abgebaut bzw. von vornherein vermieden werden können

  und
- eine angemessene Arbeitsbelastung der Mitarbeiter erreicht, aber nicht überschritten wird.

Die Aufgaben können ziel- und zeitgerecht nur erfüllt werden, wenn neben der erforderlichen Eignung der Arbeitskräfte diese auch quantitativ in ausreichendem Umfang verfügbar sind. Daraus ergibt sich der **Mindestpersonalbedarf**. Diese Untergrenze wird gleichzeitig durch die Arbeitsbelastung festgelegt, die ein bestimmtes Ausmaß nicht überschreiten soll. Durch diese beiden Faktoren, die **Aufgabenerfüllung** und die **Arbeitsbelastung**, wird nur die **Untergrenze des quantitativen Personalbedarfs** festgelegt. Ein höherer Personalbestand beeinträchtigt die Erreichung dieser Ziele keineswegs, sondern verbessert im allgemeinen den Zielerreichungsgrad. Das Wirtschaftlichkeitsprinzip wirkt entgegengesetzt. Die Beachtung dieses Grundsatzes — mit einem möglichst geringen Mitteleinsatz einen bestimmten Zweck zu erreichen — verlangt, den Personalbedarf möglichst gering anzusetzen; dadurch wird die Obergrenze bestimmt. Bei einer **optimalen Bemessung des Personalbe-**

darfs sind die **Unter- und die Obergrenze identisch**; d. h. der Personalbedarf ist in einer Höhe quantifiziert, die gerade ausreicht, die Aufgaben ziel- und zeitgerecht zu erfüllen, wobei gleichzeitig eine angemessene Arbeitsbelastung der Mitarbeiter eingehalten wird.

Zwischen der Aufgabenerfüllung, dem quantitativen Personalbedarf und der Arbeitsbelastung bestehen Wechselwirkungen, die in Anlehnung an Burkhardt wie folgt dargestellt werden können:

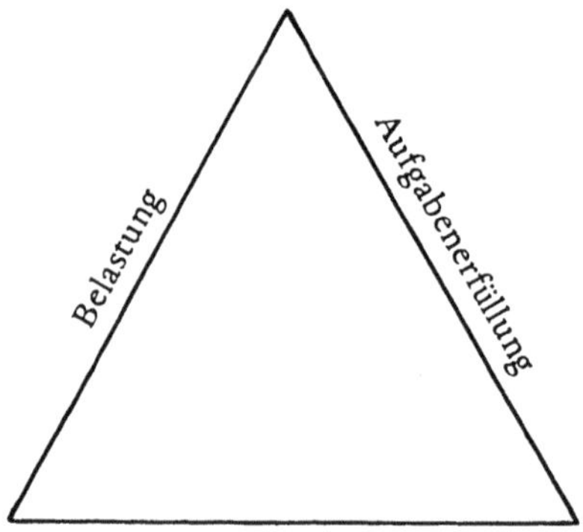

Abb. 1

Es ist nicht möglich, eine Seite des Dreiecks zu verändern, ohne gleichzeitig eine andere zu verlängern oder zu verkürzen. Das bedeutet: Wird einer dieser Faktoren verändert, ergeben sich zwangsläufig Konsequenzen für einen oder beide anderen Faktoren.

Z. B. kann die Aufgabenerfüllung quantitativ oder qualitativ nur gesteigert werden, wenn

- die Zahl der Mitarbeiter ebenfalls erhöht (Abb. 2),
- eine höhere Arbeitsbelastung in Kauf genommen wird (Abb. 3)

  oder
- eine Kombination dieser beiden Folgemaßnahmen eintritt (Abb. 4),

  es sei denn, daß die Leistungssteigerung durch Rationalisierungsmaßnahmen erreicht wird.

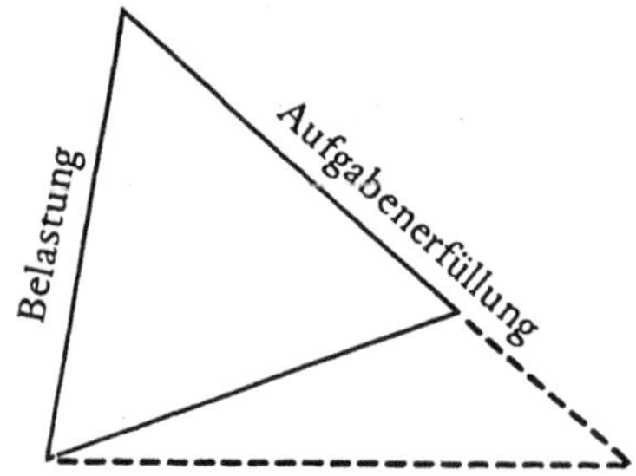

Abb. 2

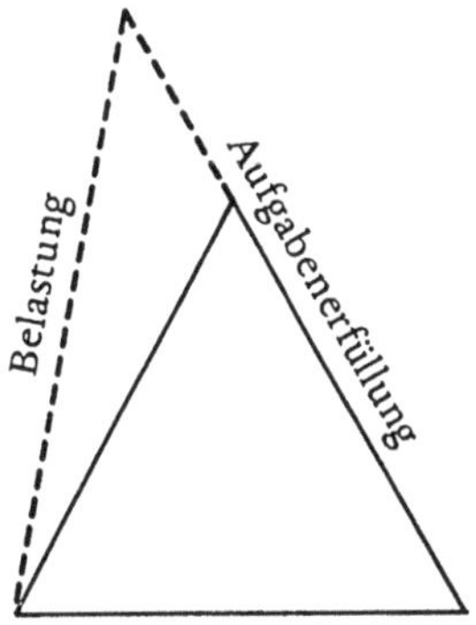

Abb. 3

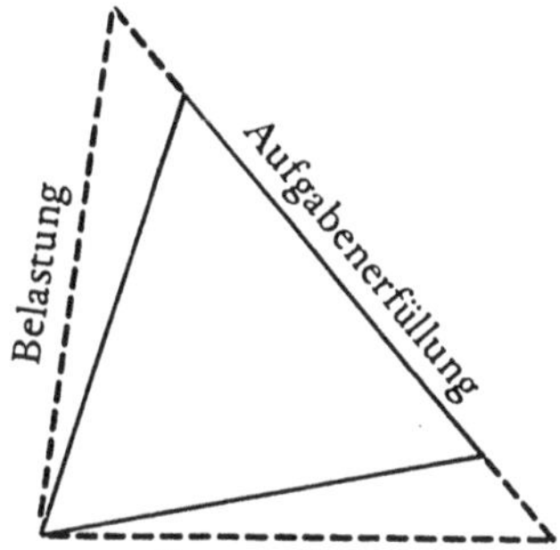

Abb. 4

Im Hinblick auf die Bedeutung einer „richtigen“ Personalbemessung wird deutlich, daß eine einfache Schätzung des Personalbedarfs grundsätzlich nicht ausreicht.

Fragen:

1. Aus welchen Gründen sollte der Personalbedarf möglichst genau bestimmt werden?
2. Welche Auswirkungen hat ein zu gering bemessener Personalbedarf?

II. Bestimmungsfaktoren und Errechnung des quantitativen Personalbedarfs

Lernziel:

Nach dem Studium dieses Abschnitts sollen Sie

– die Faktoren, von denen der quantitative Personalbedarf abhängig ist, kennen und erläutern können

und

– das Verfahren der Personalbemessung anwenden können.

1. Arbeitsmenge

Die Arbeitsmenge ist die Summe der Tätigkeiten (Verrichtungen), die in einer bestimmten Zeitperiode geleistet werden.

Damit der zur Aufgabenerfüllung erforderliche Personalbedarf bestimmt werden kann, muß die **Arbeitsmenge für jede Tätigkeit getrennt ermittelt** werden. Dazu ist es notwendig, daß der Aufgabenkomplex einer Stelle nach Tätigkeiten gegliedert wird. Dabei ist aus erhebungstechnischen Gründen darauf zu achten, daß die Untergliederung nur in dem unbedingt erforderlichen Umfang vorgenommen wird. Vorangehende und nachfolgende Tätigkeiten sind so einzubeziehen, daß eine **ablaufbezogene Einheit** entsteht.

Da die Personalbemessung im allgemeinen zukunftsorientiert durchgeführt wird, muß die zukünftig anfallende Arbeitsmenge bestimmt werden. Dabei kann man sich nur selten auf sichere Daten – wie den vorhandenen Auftragsbestand – stützen. Mit der Quantifizierung der Arbeitsmenge ist somit ein **Prognoserisiko** verbunden. Die in der Vergangenheit angefallene Arbeitsmenge muß daraufhin überprüft werden, ob diese Werte auch zukünftig erwartet werden können; ggf. müssen Korrekturen vorgenommen werden.

Für die Personalbemessung ist darüber hinaus wichtig, ob die Arbeitsmenge **zeitliche Schwankungen** aufweist, denn im allgemeinen kann der Personalbestand nicht ständig und gleichmäßig den Beschäftigungsschwankungen angepaßt werden. Dieser Aspekt gewinnt an Bedeutung, wenn

- eine Produktion auf Vorrat nicht möglich ist,
- die Schwankungen zufällig auftreten, also nicht vorhersehbar sind

  und
- Speichermöglichkeiten nicht gegeben sind, d. h. Arbeitsspitzen können nicht auf Zeiten der Unterbeschäftigung verlagert werden und dann abgebaut werden, da die auftretende Nachfrage sofort befriedigt werden muß.

Diese erschwerten Bedingungen treffen z. B. weitgehend auf den Dienstleistungssektor zu.

Die zeitlichen Schwankungen können täglich, wöchentlich oder monatlich auftreten. Der Erhebungszeitraum muß so gewählt werden, daß diese Schwankungen erfaßt und damit auch erkannt werden können. Sonst würden einerseits personelle Überkapazitäten geschaffen, und andererseits wäre eine termingerechte Aufgabenerfüllung nicht möglich, wie das folgende Beispiel zeigt:

Beispiel:

Es wird angenommen, daß innerhalb eines Monats ein Arbeitsmengenausgleich möglich ist. Die Arbeitsmenge wurde deshalb monatlich erhoben, wobei sich folgende Werte ergeben haben:

Monat	Arbeitsmenge
Januar	15.600
Februar	5.100
März	5.600
April	5.500
Mai	5.200
Juni	5.100
Juli	5.300
August	5.000
September	14.400
Zwischensumme	66.800

Übertrag	66.800
Oktober	6.000
November	5.900
Dezember	5.300
insgesamt	84.000

Es ist offensichtlich, daß der Mittelwert (arithmetisches Mittel) in Höhe von 7.000 Fällen/Monat für die Personalbemessung nicht zugrunde gelegt werden kann, denn die im Januar und September auftretenden Arbeitsspitzen können nur innerhalb desselben Monats ausgeglichen, aber nicht auf die anderen Monate verlagert werden. Die Aufgabenerfüllung könnte im Januar und September nicht gewährleistet werden, und in der übrigen Zeit wären die Mitarbeiter nicht ausgelastet. Wenn das arithmetische Mittel verwendet wird, müssen die Extremwerte ausgeklammert werden, so daß hier für die Personalbemessung etwa 5.400 Fälle/Monat zugrunde zu legen sind. Um Fehlbeurteilungen der Arbeitsmenge zu vermeiden, ist es empfehlenswert, zusätzlich auch den Zentralwert oder den Dichtesten Wert zu ermitteln (vgl. K. Fischer, Grundlagen der Statistik, Wiesbaden o. J.).

Wie bereits erwähnt wurde, ist für die Personalbemessung von Bedeutung, ob es sich um strukturelle oder zufällige Schwankungen handelt. Strukturelle (saisonale) Schwankungen treten in einem bestimmten Rhythmus auf und sind vorhersehbar. Bei Arbeitsspitzen können für die termingerechte Aufgabenerfüllung rechtzeitig besondere Vorkehrungen getroffen werden, z. B. die Anordnung von Überstunden, Schichtarbeit oder die Einstellung von Aushilfskräften. Wenn es sich dagegen um Zufallsschwankungen handelt und die Tätigkeiten sofort ausgeführt werden müssen (z. B. bei Banken, Verkehrsträgern), ergibt sich bei der Aufgabenerfüllung ein Warteschlangenproblem, das mit Hilfe mathematischer Modelle gelöst werden kann.

Fragen:

3. Wie ist die Stellenaufgabe im Rahmen der Personalbemessung zu untergliedern?
4. Welche Probleme können bei der Bestimmung der Arbeitsmenge auftreten?
5. Sollte bei strukturellen Schwankungen die durchschnittliche Arbeitsmenge zugrunde gelegt werden?

2. Bearbeitungszeit

Die Bearbeitungszeit, die für die Ausführung einer Tätigkeit aufzuwenden ist, ist im Einzelfall von den jeweiligen Arbeitsumständen abhängig und kann somit von Fall zu Fall variieren. Deshalb muß ein Mittelwert gebildet werden, der für sämtliche Fälle dieser Tätigkeitsart repräsentativ ist. Dieser Mittelwert, die sog. mittlere Bearbeitungszeit, wird wie folgt errechnet:

$$\text{mittlere Bearbeitungszeit} = \frac{\text{Summe der Einzelbearbeitungszeiten}}{\text{Arbeitsmenge}}$$

Die mittlere Bearbeitungszeit ist um so repräsentativer, je geringer die Abweichungen der Einzelwerte von dem Mittelwert sind und je höher die Anzahl der festgestellten Einzelbearbeitungszeiten ist.

Im allgemeinen wird unterstellt, daß die errechnete **mittlere Bearbeitungszeit einem Leistungsgrad von 100 v. H. entspricht** sowie für alle Mitarbeiter zutreffend und richtig ist.

> *Der Leistungsgrad ergibt sich aus der Relation der beobachteten Leistung zur Normalleistung; ein Leistungsgrad von 100 v. H. bedeutet, daß die festgestellte tatsächliche Leistung mit der erwarteten Leistung (Normalleistung) übereinstimmt.*

Bei dieser Annahme bleibt unberücksichtigt, daß die individuelle Arbeitsleistung von zahlreichen Faktoren (z. B. Belastbarkeit, Geschicklichkeit, Motivation) abhängig und somit bei den einzelnen Mitarbeitern häufig unterschiedlich hoch ist.

Wenn ein zu hoher oder zu niedriger Leistungsgrad in die Personalbedarfsrechnung einfließt, wird ein entsprechend unrichtiger Personalbedarf errechnet. Deshalb sollte geprüft werden, ob die Normalleistung tatsächlich von den Mitarbeitern erreicht wird. In vielen Fällen, z. B. bei geistig-schöpferischen Tätigkeiten, ist die Bestimmung der Normalleistung problematisch, wenn nicht überhaupt unmöglich. In den übrigen Fällen kommen als Beurteilungshilfen in Betracht

- der inner- und überbetriebliche Vergleich der Leistungswerte

  und

- die Situation der Tätigkeitsausführung durch Dritte.

Bei der Bestimmung der mittleren Bearbeitungszeit ist zu berücksichtigen, daß die tägliche Arbeitszeit nicht in vollem Umfang für die Aufgabenerfüllung genutzt werden kann, denn es ergeben sich Arbeitsunterbrechungen z. B. durch Maschinendefekte und Erholungspausen. Deshalb muß auch die Zeit der Untätigkeit erfaßt werden. Dazu gehören die **ablaufbedingten Unterbrechungen** sowie die **sachlichen und persönlichen Verteilzeiten** (vgl. G. Schmidt, Erhebungstechniken, Wiesbaden o. J.).

Es bestehen zwei Möglichkeiten, die Verteilzeiten zu berücksichtigen:

(1) Die Zeitanteile werden der Aufgabenerfüllungszeit zugerechnet, und zwar entweder als absolute Zeitwerte oder als Zuschlagssätze. Insbesondere für die persönliche Verteilzeit werden entsprechende Faktoren aufgrund von Erfahrungswerten relativ leicht festgelegt werden können.

(2) Die Verteilzeiten werden von der Normalarbeitszeit abgezogen.

Fragen:

6. Welche Bedeutung hat der Leistungsgrad bei der Bestimmung der mittleren Bearbeitungszeit?
7. Welche Möglichkeiten gibt es, den Leistungsgrad zu beurteilen?
8. Wie kann die Bearbeitungszeit untergliedert werden?

3. Normalarbeitszeit

Die Normalarbeitszeit ist die Maßeinheit für eine Normalarbeitskraft und gibt die normale zeitliche Verfügbarkeit eines Mitarbeiters – in der Regel für 1 Jahr – an; es handelt sich dabei nicht um eine Leistungsnorm.

Diese Maßeinheit muß fortgeschrieben werden, insbesondere wenn sich die Bestimmungen über Urlaub und tarifliche Arbeitszeit ändern.

Die Normalarbeitszeit beträgt z. B. für Beamte und Angestellte im öffentlichen Dienst pro Jahr 1.680 Stunden, wobei von einer 40-Stunden-Woche ausgegangen wird.

Diese Werte errechnen sich wie folgt:

Jahr			365 Tage
abzüglich	Samstage	52	
	Sonntage	52	
	Feiertage	11	115 Tage
	Urlaub und ganztägige Dienstbefreiungen	29	
	Krankheit, Kur	11	40 Tage
Jahresarbeitstage			210 Tage
Jahresarbeitsstunden (210 x 8)			1.680 Stunden
Jahresarbeitsminuten			100.800 Minuten

4. Errechnung des Personalbedarfs

Die Anzahl der erforderlichen Mitarbeiter ergibt sich, indem der Zeitbedarf für die Ausführung sämtlicher Tätigkeiten durch die normale zeitliche Verfügbarkeit eines Mitarbeiters geteilt wird; das entspricht der folgenden Formel:

$$\frac{\text{Arbeitsmenge} \cdot \text{Bearbeitungszeit/Fall}}{\text{Normalarbeitszeit}}$$

Beispiel:

Der Personalbedarf ist aufgrund der folgenden Angaben zu bestimmen:

– Arbeitsmenge p. a.	4.000 Fälle
– Leistungszeit/Fall	2,5 Stunden
– Zuschlagssätze für sachliche Verteilzeit	15 v. H.

persönliche Verteilzeit	10 v. H.

Der Personalbedarf errechnet sich wie folgt:

– Leistungszeit p. a. 4.000 Fälle • 2,5 Std.	10.000 Stunden
– Sachliche Verteilzeit 10.000 Std. • 0,15	1.500 Stunden
– Persönliche Verteilzeit 10.000 Std. • 0,10	1.000 Stunden
– Bearbeitungszeit p. a.	12.500 Stunden
– Normalarbeitszeit 210 Jahresarbeitstage • 8 Std.	1.680 Stunden

$$\text{Personalbedarf} = \frac{\text{12.500 Jahresbearbeitungsstd.}}{\text{1.680 Normalarbeitsstd. p. a.}} = \underline{\underline{\text{7,4 Stellen}}}$$

Fragen:

9. Erläutern Sie den Begriff „Normalarbeitszeit."
10. Welche Konsequenz ergibt sich bei einer Verminderung der tariflichen Arbeitszeit für den Personalbedarf?

III. Erhebungstechniken

Die Erhebung muß sich auf folgende Inhalte erstrecken:

- Aufgaben/Tätigkeiten,
- Zeiten,
- Mengen.

Als geeignete Erhebungstechniken kommen vor allem in Betracht zur Erhebung der

- Aufgaben/Tätigkeiten : Interview, Selbstaufschreibung;
- Zeiten : Selbstaufschreibung, Beobachtung, Laufzettelverfahren, Systeme vorbestimmter Zeiten;
- Mengen : Selbstaufschreibung, Dokumentenstudium.

Auf eine umfassende Darstellung der Erhebungstechniken wird verzichtet; es wird dazu verwiesen auf G. Schmidt, Erhebungstechniken, Wiesbaden o. J.

IV. Anwendung mathematisch-statistischer Verfahren

Lernziel:

Sie sollen nach dem Studium dieses Abschnitts
- die Bedeutung der mathematisch-statistischen Verfahren für die Personalbemessung erkannt haben,
- die Vorgehensschritte bei Stichprobenverfahren erläutern,
- den Stichprobenumfang bestimmen

  und
- die Repräsentativität von Stichprobenergebnissen beurteilen können.

1. Gegenstand und Verfahrensstufen

Erhebungen werden aus Zeit- und Kostengründen vielfach als **Teilerhebung (Stichprobe)** durchgeführt. Stichprobenergebnisse enthalten Fehlerrisiken, denn absolut richtige Ergebnisse können nur durch eine Vollerhebung gewonnen werden.

Wenn die Arbeitsmenge und die mittlere Bearbeitungszeit durch eine Teilerhebung festgestellt werden, entsteht damit die Frage, wie verläßlich (repräsentativ) diese Werte sind, denn davon ist auch die Umsetzung der Ergebnisse der Personalbedarfsrechnung zu einem großen Teil abhängig.

Durch die Anwendung mathematisch-statistischer Verfahren können Aussagen über die Repräsentativität der Stichprobenergebnisse getroffen werden, und zwar über

- den Grad der **Sicherheit** dafür, daß das Stichprobenergebnis dem tatsächlichen Wert entspricht,

  und

- die **Genauigkeit**, d. h. wieweit das Stichprobenergebnis von dem tatsächlichen Wert abweicht (Zufallsfehler).

Als Ergebnis wird nicht eine bestimmte Zahl, sondern ein Bereich **(Vertrauensbereich)** angegeben, in dem der tatsächliche Wert mit einer bestimmten Sicherheit liegt; z. B.: die mittlere Bearbeitungszeit beträgt mit einer Sicherheit von 95 v. H. 22 ± 2 Minuten; d. h. 95 v. H. aller möglichen Stichproben in einem bestimmten Umfang ergeben einen Wert, der zwischen 20 und 24 Minuten liegt. Daraus ergibt sich für die Personalbedarfsrechnung die Konsequenz, unter Verwendung der Extremwerte der Vertrauensbereiche alternative Berechnungen anzustellen. Wenn sich dabei erheblich voneinander abweichende Personalbedarfe ergeben, sollte der Stichprobenumfang vergrößert werden, damit genauere Ergebnisse erzielt werden können.

Darüber hinaus bieten die Stichprobenverfahren den Vorteil, daß der optimale Stichprobenumfang bestimmt werden kann; dieser ist abhängig von der gewünschten Sicherheit und Genauigkeit.

Mit zunehmender Sicherheit und Genauigkeit nimmt der Stichprobenumfang überproportional zu.

Voraussetzung für die Anwendung der Stichprobenverfahren ist die **Auswahl der Stichprobenelemente nach dem Zufallsprinzip**; das bedeutet, daß jedes Element die gleiche Chance haben muß, ausgewählt zu werden.

Das Stichprobenverfahren besteht aus drei Stufen:

- Bestimmung des Stichprobenumfangs aufgrund der gewünschten Sicherheit und Genauigkeit,
- Festlegung des Auswahlverfahrens,
- Bestimmung der Genauigkeit aufgrund der Stichprobenergebnisse.

Dazu können im allgemeinen Nomogramme* verwendet werden, so daß komplizierte Rechenoperationen nicht durchgeführt zu werden brauchen. Die Nomogramme gehen von den Annahmen aus, daß die Sicherheit 95 v. H. beträgt und der Stichprobenumfang kleiner als 5 v. H. der Grundgesamtheit ist.

Für die Anwendung der mathematisch-statistischen Verfahren ist maßgeblich, ob bei der Erhebung

- **ein qualitatives Merkmal**
  (Ermittlung von Anteilswerten – absoluten Zahlen – z. B. der mittleren Bearbeitungszeit)
  oder
- **ein quantitatives Merkmal**
  (Ermittlung von Mittelwerten – absoluten Zahlen – z. B. der mittleren Bearbeitungszeit)

bestimmt werden soll. Das Vorgehen soll an zwei Beispielen verdeutlicht werden.

2. Bestimmung der Arbeitsmenge

Wenn sich bei der Erhebung der Arbeitsmenge dadurch Schwierigkeiten ergeben, daß zwar die Gesamtarbeitsmenge, nicht aber die Aufteilung nach Tätigkeitsarten bekannt ist und eine Vollerhebung zu aufwendig wäre, ist die Anwendung mathematisch-statistischer Verfahren zu empfehlen.

Beispiel:

In einer Abteilung eines Gewerbeaufsichtsamts soll der Personalbestand überprüft werden. Dazu muß geklärt werden, wieviele der durchgeführten Prüfungen auf

- Dampfkessel,

* Nomogramm = Netztafel, Leiterntafel, Funktionsleiter. Schaubild, das den Zusammenhang von Größen darstellt und zahlenmäßige Zusammenhänge abzulesen gestattet.

- Dampffässer

  und

- Druckbehälter

entfallen, weil der Zeitbedarf für die Prüfungen von der Art des Prüfungsgegenstands abhängig ist.

Im vergangenen Jahr wurden insgesamt 25.000 Prüfungen durchgeführt. Die Aufteilung nach den Prüfungsarten ist nicht bekannt; es wird vermutet, daß der Anteilswert für Druckbehälterprüfungen bei etwa 45 v. H. liegt. Für jede Prüfung wurde eine Akte angelegt.

Zur Bestimmung der Arbeitsmenge nach Prüfungsarten sollen die Akten nur stichprobenweise ausgewertet werden. Das Stichprobenergebnis soll eine Sicherheit von 95 v. H. haben. Die absolute Genauigkeit soll ± 3 v. H. betragen.

a) Stichprobenumfang

Der Stichprobenumfang kann aus dem Nomogramm 1 abgelesen werden, wobei eine Sicherheit von 95 v. H. eingearbeitet ist. Zur Bestimmung des Stichprobenumfangs wird der am dichtesten bei 50 v. H. vermutlich liegende Anteilswert (p) mit dem Skalenwert des Zufallsfehlers (e) verbunden; hier: p = 45 v. H., e = 3 v. H. (s. Verbindungsgerade 1).

Der Schnittpunkt mit der Skala (2) gibt den Stichprobenumfang an. Dieser beträgt etwa 1050.

Der Stichprobenumfang kann auch rechnerisch ermittelt werden, und zwar:

(1) $$n = \frac{t^2 \cdot p \cdot q}{e^2}$$

Dabei bedeuten:

n = Stichprobenumfang

t = Faktor für den Sicherheitsgrad; bei einer Sicherheit von 95 v. H. ist t = 1,96

p = Anteilswert in v. H.

q = 100 – p

e = Zufallsfehler (bestimmt die Genauigkeit des Ergebnisses)

Für das Beispiel ergibt sich:

$$n = \frac{1{,}96^2 \cdot 45 \cdot 55}{3^2}$$

$$n = 1056$$

Wenn der Auswahlsatz $(\frac{n \cdot 100}{N})$ größer wäre als 5 v. H. (hier: 4,2 v. H.), müßte die folgende Formel verwendet werden:

② $$n = \frac{t^2 \cdot p \cdot q \cdot N}{t^2 \cdot p \cdot q + (N-1) \cdot e^2},$$

wobei N die Grundgesamtheit angibt.

b) **Genauigkeit**

Das Stichprobenergebnis wird nur ausnahmsweise mit dem geschätzten Anteilswert übereinstimmen. Deshalb muß die Genauigkeit neu ermittelt werden.

Nomogramm 1 (s. S. 15)

Es wird angenommen, daß die Auswertung der Stichprobe folgende Werte ergeben hat:

• Dampfkessel	:	317	Prüfungen	=	30 v. H.
• Dampffässer	:	106	Prüfungen	=	10 v. H.
• Druckbehälter	:	633	Prüfungen	=	60 v. H.
• insgesamt		1056	Prüfungen	=	100 v. H.

Jetzt können die Zufallsfehler für die einzelnen Anteilswerte bei einem Stichprobenumfang von 1056 aus dem Nomogramm entnommen werden, indem z. B. im Fall der Dampfkessel die Werte p = 30 v. H. und n = 1056 verbunden werden und diese Gerade bis zur Skala 3 verlängert wird, wo ein Wert von ca. 2,8 v. H. abgelesen werden kann (s. Verbindungsgerade 2). Das bedeutet: Der tatsächliche Anteilswert für Dampfkesselprüfungen liegt mit einer Sicherheit von 95 v. H. in dem Bereich 30 v. H. ± 2,8 v. H., d. h. zwischen 27,2 v. H. und 32,8 v. H. In den beiden anderen Fällen ist entsprechend zu verfahren.

Zur Berechnung des Zufallsfehlers (e) ist die folgende Formel zu verwenden:

③ $$e = t \cdot \sqrt{\frac{p \cdot q}{n}}$$

bzw.

④ $$e = t \cdot \sqrt{\frac{p \cdot q}{n}} \cdot \sqrt{\frac{N-n}{N-1}}$$

wenn der Auswahlsatz größer als 5 v. H. ist.

In dem Beispiel ist die Formel ③ zu verwenden; es errechnen sich folgende Zufallsfehler:

- Dampfkesselprüfungen

$$e = 1{,}96 \cdot \sqrt{\frac{30 \cdot 70}{1056}} = 2{,}8 \text{ v. H.}$$

- Dampffässerprüfungen

$$e = 1{,}96 \cdot \sqrt{\frac{10 \cdot 90}{1056}} = 1{,}8 \text{ v. H.}$$

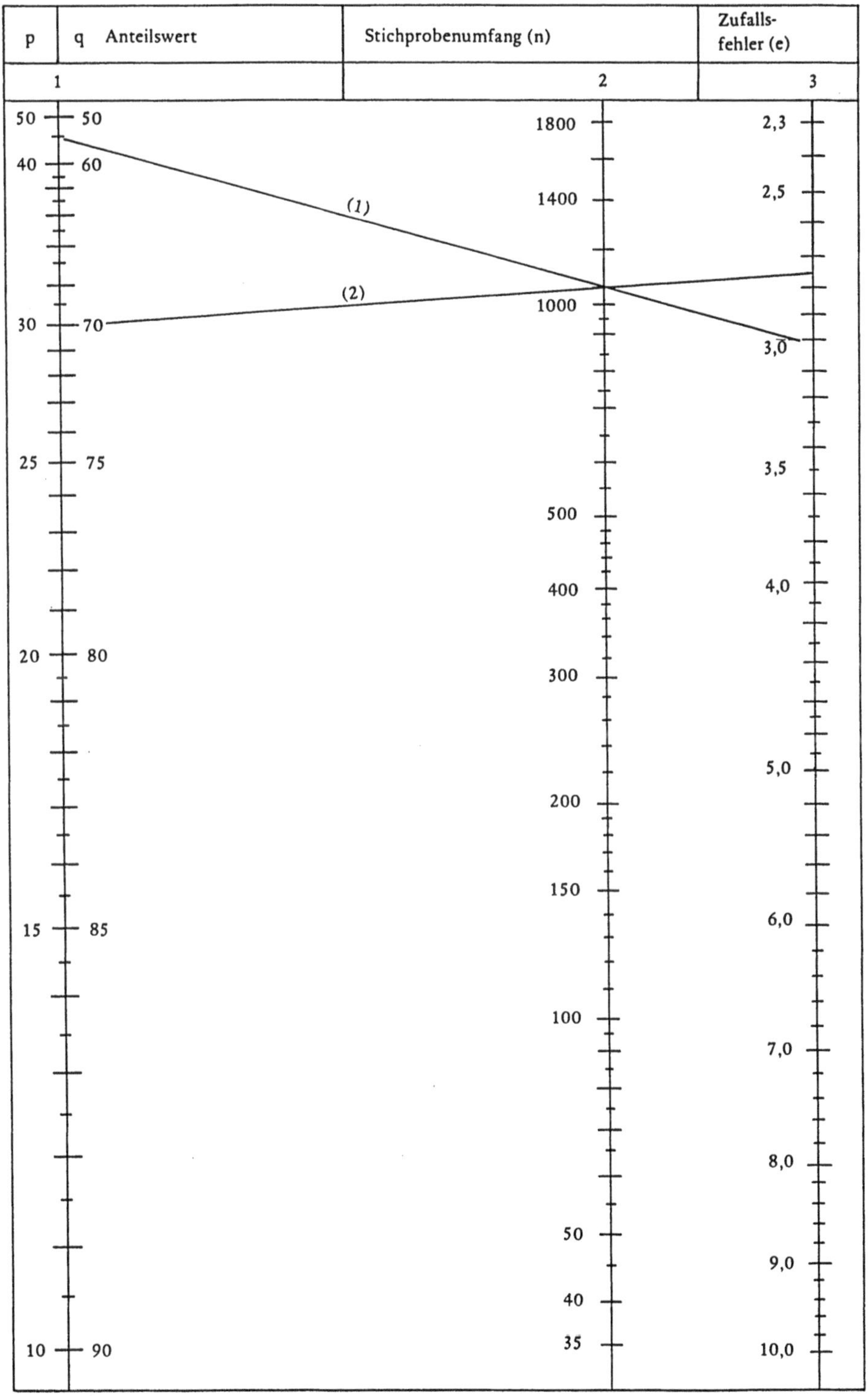
p
q Anteilswert
Stichprobenumfang (n)
Zufalls-
fehler (e)
1
2
3
50 50
40 60
30 70
25 75
20 80
15 85
10 90
(1)
(2)
1800
1400
1000
500
400
300
200
150
100
50
40
35
2,3
2,5
3,0
3,5
4,0
5,0
6,0
7,0
8,0
9,0
10,0

- Druckbehälterprüfungen

$$e = 1{,}96 \cdot \sqrt{\frac{60 \cdot 40}{1056}} = \quad 3{,}0 \text{ v. H.}$$

c) Ergebnis

Als Ergebnis dieser Stichprobe haben sich mit einer Sicherheit von 95 v. H. folgende Arbeitsmengen ergeben:

- Dampfkesselprüfungen : 7.500 ± 700*
- Dampffässerprüfungen : 2.500 ± 450
- Druckbehälterprüfungen : 15.000 ± 750

3. Bestimmung der mittleren Bearbeitungszeit

Bei der mittleren Bearbeitungszeit handelt es sich um eine absolute Zahl; deshalb ist das im Unterabschnitt 2 dargestellte Verfahren, das die Ermittlung relativer Zahlen ermöglicht, nicht anwendbar. Die Verfahrensschritte dagegen sind gleich.

a) Stichprobenumfang

Der Stichprobenumfang, d. h. die Anzahl der zu erhebenden Einzelbearbeitungszeiten, ist von der Streuung der Einzelwerte abhängig. Diese Größe, und zwar die Varianz, muß geschätzt werden.

Beispiel:

Bei einer Varianz (s^2) von 100 und einer gewünschten Genauigkeit von ± 1,5 beträgt der erforderliche Stichprobenumfang ungefähr 170. Dazu verbindet man im Nomogramm 2 (Sicherheit: 95 v. H.) die entsprechenden Skalenwerte; der Stichprobenumfang ergibt sich aus dem Schnittpunkt mit der Skala 2 (s. Verbindungsgerade 1).

Rechnerische Ermittlung:

⑤ $$n = \frac{t^2 \cdot s^2}{e^2} \quad , \text{wenn } \left(\frac{n \cdot 100}{N}\right) \leqslant 5 \text{ v. H.}$$

⑥ $$n = \frac{t^2 \cdot s^2 \cdot N}{t^2 \cdot s^2 + (N-1)e^2} \quad , \text{wenn } \left(\frac{n \cdot 100}{N}\right) > 5 \text{ v. H.}$$

Für das Beispiel ergibt sich durch Einsetzen in Formel ⑤ :

$$n = \frac{1{,}96^2 \cdot 100}{1{,}5^2}$$

$$n = 171$$

* Berechnung: 30 v. H. von 25.000 ± 2,8 v. H. von 25.000

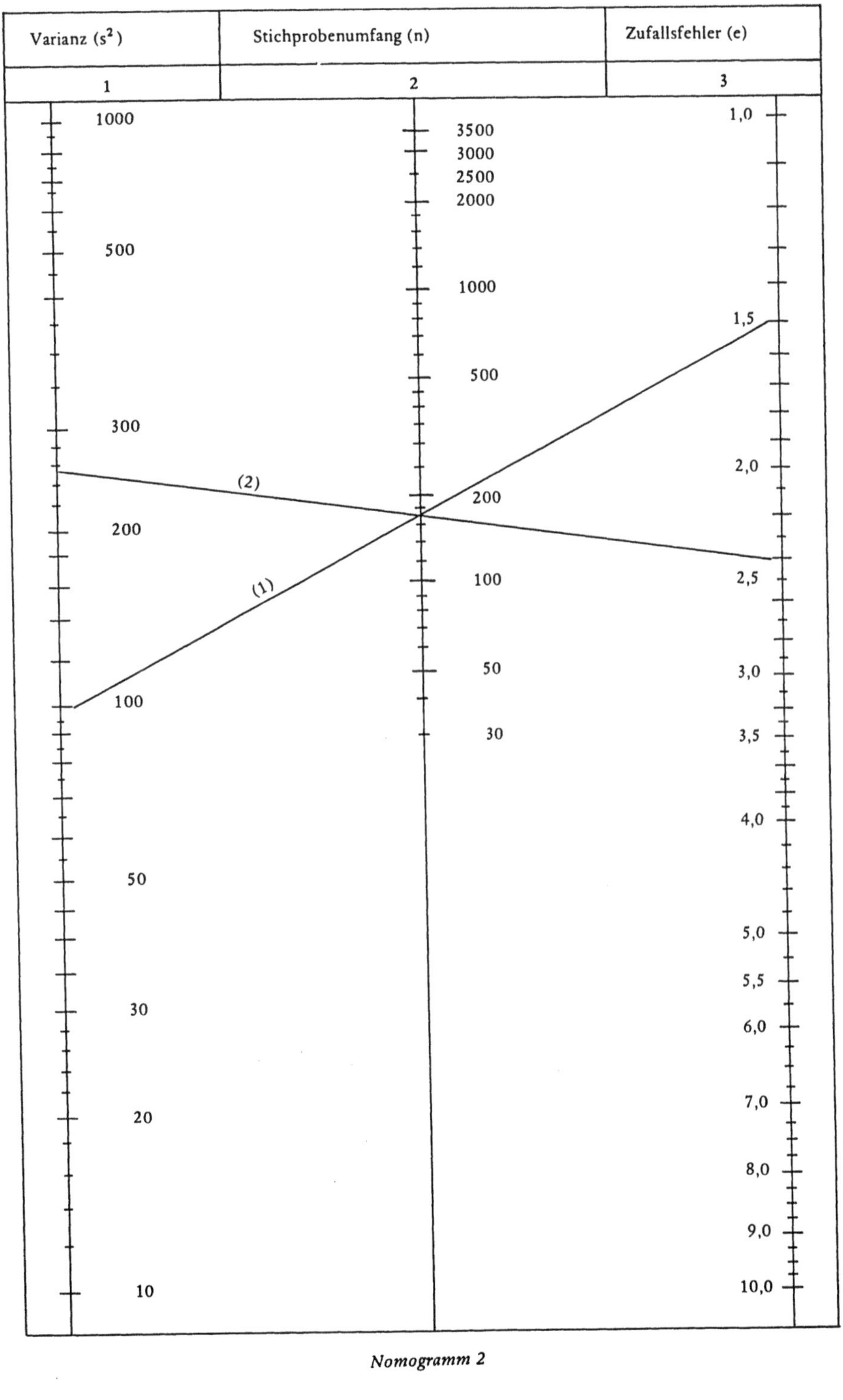

Varianz (s^2)
Stichprobenumfang (n)
Zufallsfehler (e)
1
2
3
1000
500
300
200
100
50
30
20
10
3500
3000
2500
2000
1000
500
200
100
50
30
1,0
1,5
2,0
2,5
3,0
3,5
4,0
5,0
5,5
6,0
7,0
8,0
9,0
10,0
(1)
(2)

Nomogramm 2

b) Genauigkeit

Wenn die Auswertung der Stichprobe einen von der geschätzten Streuung abweichenden Wert ergibt, muß die Genauigkeit neu bestimmt werden. Dazu werden die Skalenwerte für die Streuung und den Stichprobenumfang verbunden und bis zur Skala 3 verlängert.

Beispiel:

Die Varianz der Stichprobe ist größer als angenommen; sie beträgt 250. Der Zufallsfehler nimmt dadurch ebenfalls zu und steigt auf etwa 2,3 (s. Verbindungsgerade 2).

Rechnerische Ermittlung

(7) $e = t \cdot \frac{s}{\sqrt{n}}$, wenn $(\frac{n \cdot 100}{N}) \leqslant 5$ v. H.

bzw.

(8) $e = t \cdot \frac{s}{\sqrt{n}} \cdot \sqrt{\frac{N-n}{N-1}}$, wenn $(\frac{n \cdot 100}{N}) > 5$ v. H.

Durch Einstzen in Formel (7) ergibt sich:

$$e = 1{,}96 \cdot \frac{15{,}8}{\sqrt{171}}$$

$$e = 2{,}4$$

c) Ergebnis

Als Ergebnis ist festzustellen:

Mit einer Sicherheit von 95 v. H. beträgt die mittlere Bearbeitungszeit:

arithmetisches Mittel der Stichprobe ± 2,4

z. B. 40 ± 2,4

Fragen:

11. Welche Faktoren bestimmen die Repräsentativität von Stichprobenergebnissen?
12. Welche Konsequenzen ziehen Sie, wenn der ermittelte Vertrauensbereich als zu groß beurteilt wird und der Sicherheitsgrad unverändert bleiben soll?
13. Bestimmen Sie die Anzahl der Reparaturen und die Zufallsfehler für die Gerätearten aufgrund der folgenden Stichprobenergebnisse, wobei eine Sicherheit von 95 v. H. verlangt wird:

- Anteil der Reparaturen von

Tongeräten	44 v. H.
Projektionsgeräten	37 v. H.
TV-Geräten	19 v. H.

- Reparaturen insgesamt 12.000
- Stichprobenumfang 400

14. Wie groß muß der Stichprobenumfang bei folgenden Annahmen mindestens sein:

- geschätzte Varianz: 160
- Zufallsfehler von höchstens ± 1,5
- Grundgesamtheit: 3.000

4. Auswahlverfahren

Lernziel:

Nach dem Durcharbeiten dieses Abschnitts sollen Sie die Auswahlverfahren erläutern und anwenden können.

Voraussetzung für die Anwendung der mathematisch-statistischen Verfahren ist die Auswahl nach dem Zufallsprinzip.

Bei der Auswahl nach dem Zufallprinzip muß jedes Element der Grundgesamtheit die gleiche Chance haben, in die Auswahl einbezogen zu werden.

Dies ist bei der Verwendung von Zufallszahlen gewährleistet. Dazu ist erforderlich, daß die Elemente der Grundgesamtheit durchnumeriert sind. Anhand einer Zufallszahlen-Tabelle werden die auszuwählenden Elemente bestimmt, indem zunächst Zifferngruppen gebildet werden, deren Umfang von der Anzahl der Ziffern der Grundgesamtheit abhängig ist; z. B. sind bei einer Grundgesamtheit von 9.000 jeweils vier aufeinanderfolgende Ziffern zusammenzufassen. Dabei kann in jedem beliebigen Zahlenfeld begonnen werden. Zahlen, die größer als der Umfang der Grundgesamtheit sind, werden gestrichen.

Wenn z. B. in der 6. Zeile und 10. Spalte begonnen wird, ergeben sich folgende vierziffrige Zahlen: (siehe Zufallszahlentabelle auf Seite 21)

6853, 0637, 1142, 2718, 5058, 4922, 5752 usw.

Danach werden die Akten, Belege usw. mit den entsprechenden Nummern gezogen und ausgewertet.

Die Zufallsauswahl ist auch möglich nach dem Schlußziffernverfahren. Dazu muß die Grundgesamtheit – ebenso wie bei der Verwendung von Zufallszahlen – durchnumeriert sein. Es werden bestimmte Schlußziffern nach der Zufallszahlen-Tabelle festgelegt, und die entsprechenden Akten gelangen in die Stichprobe.

Beispiel:

Auswahlsatz	Schlußziffern
20 v. H.	4,9
10 v. H.	2
2 v. H.	34, 95
1 v. H.	16

Darüber hinaus entsprechen die Buchstabenauswahl und das Geburtstagsverfahren dem Zufallsprinzip, sind aber im Rahmen der Personalbedarfsrechnung nur ausnahmsweise anwendbar.

Demgegenüber spielt die systematische Auswahl eine große Rolle, da eine Durchnumerierung der Grundgesamtheit nicht erforderlich ist. Es wird nur der Startpunkt zufällig bestimmt, und die Elemente werden in gleichmäßigen Abständen ausgewählt.

Beispiel:

Der Auswahlsatz beträgt 5 v. H.

Der Startpunkt ist⑦

Dann sind auszuwählen das 7., 27., 47., 67., 87., 107 usw. Element.

Dabei muß ebenso wie bei dem Schlußziffernverfahren besonders darauf geachtet werden, daß ein „systematischer Fehler“, d. h. eine regelmäßig auftretende Besonderheit nicht übernommen wird.

44983	33834	54280	67850	96025	96117	00768	14821	69029	25453	48798	15486
89494	34431	44890	59892	79682	20308	82510	53609	13258	89631	80497	49167
54430	52632	94126	95597	48338	67645	44676	14730	22642	21919	21050	87791
96999	42104	34377	63309	82181	00278	28209	95629	75818	09043	48564	87355
87947	09427	32380	43636	58578	07761	28456	46570	11623	50417	37763	30136
30238	46126	85306	37114	22718	50584	92291	56575	24075	43889	40909	18741
22938	13073	32066	43098	75738	94910	15403	89151	73322	18370	90586	46115
89182	27750	63314	87302	49472	24885	79506	60638	07132	00908	92035	75518
16187	03303	40287	52435	23926	92544	54099	31497	06863	22864	72620	74169
21526	07401	30925	46148	20138	33874	56715	38424	38273	11361	15203	64912
42907	95158	27146	37012	43361	03173	97911	71313	44256	66609	42504	76799
21479	48265	01674	47274	56350	37512	14883	99673	62298	33948	32456	28675
90076	70233	76730	25043	16686	54737	57431	01786	20803	69465	37970	05673
93202	25355	93941	84434	22384	13240	93617	51549	28532	57150	77261	62643
46059	72208	90475	10341	39703	83224	37858	61657	04184	15597	29448	01922
38220	13972	86115	17196	24569	26820	66299	39960	02489	53079	72789	22562
82618	85756	51156	74037	12501	94162	42006	16135	82797	31296	93268	10104
07896	74085	59886	03051	78702	13402	74318	10870	72107	11550	61175	33345
95241	84360	13960	95736	43637	60399	19080	60261	11207	73065	48286	57057
53849	26578	39954	86726	91039	13884	25376	36880	02564	96978	62332	77321
72967	53031	47906	99501	27753	69946	66875	25601	30038	78786	65197	65283
87910	89260	66444	15979	83469	76952	50065	72802	70630	87336	16385	32784
10482	34277	40177	01081	57788	08612	39886	42234	04905	83274	22459	75032
68034	98561	46747	30655	41878	93610	51745	41771	61398	98154	61644	12405
80277	92450	60888	18689	45966	25837	70906	60733	11765	09293	70076	40751
59896	78185	60268	03650	36814	88460	34049	09111	64205	77930	32391	69076
78369	04163	77673	73342	78915	20537	06126	27222	17378	59359	00055	66780
23015	54261	95020	77705	81682	96907	37411	93548	87546	07687	47338	12240
55171	85448	12545	75992	08790	88992	69756	18960	85182	02245	11566	52527
58095	62204	69319	00672	96037	78680	98734	83719	40702	79038	68639	63329
19700	98193	37600	70617	58959	45486	58338	84563	62071	17799	96994	41635
12666	87597	23190	26243	36690	75829	71060	32257	15699	02654	83110	44278
66685	05344	71633	68536	18786	28575	08455	79261	49705	31491	25318	52586
72590	47283	45445	35611	98354	53680	45747	62026	13032	14048	16304	11959
30286	06434	50229	09070	44848	09996	77753	05018	92605	10316	07351	78020
87494	95585	25547	53500	45047	08406	66984	63390	48093	02366	05407	08325
32301	25923	76556	13274	39776	97027	56919	17792	09214	53781	90102	25774
70711	37921	54989	17828	60976	57662	61757	93272	09887	34196	98251	52453
36086	05468	41631	95632	78154	38634	47463	37514	24437	01316	04770	06534
37403	42231	17073	49097	54147	03656	14735	06370	18703	90858	55130	40869
41022	76893	29200	82747	97297	74420	18783	93471	89055	56413	77817	10655
70978	57385	70532	46978	87390	53319	90155	03154	20301	47831	86786	11284
19207	41684	20288	19783	82215	35810	39852	43795	21530	96315	55657	76473
50172	23114	28745	12249	35844	63265	26451	06986	08707	99251	06260	74779
43112	94833	72864	58785	53473	06308	56778	30474	57277	23425	27092	47759
64031	41740	69680	69373	73674	97914	77989	47280	71804	74587	70563	77813
92357	38870	73784	95662	83923	90790	49474	11901	30322	80254	99608	17019
79945	42580	86605	97758	08206	54199	41327	01170	21745	71318	07978	35440
48030	05125	70866	72154	86385	39490	57482	32921	33795	43155	30432	48384
80016	81500	48061	25583	74101	87573	01556	89184	64830	16779	35724	82103
34265	65728	89776	04006	06089	84076	12445	47416	83620	49151	97420	23689
82534	76335	21108	42302	79496	21054	80132	67719	72662	58360	57384	65406
72055	61146	82780	89411	53131	57879	39099	42715	24830	60045	23250	39847
26999	96294	20431	30114	23035	30380	76272	60343	57573	42492	47962	21439
01628	47335	17893	53176	07436	14799	78197	48601	97557	83918	20530	61565
66322	27390	73834	73494	21527	93579	20949	85666	25102	64733	93872	72698
96239	18521	67354	41883	58939	36222	43935	36272	47817	90287	91434	86453
10497	83617	39176	45062	63903	33862	14903	38996	60027	41702	78189	28598
69712	33438	85908	58620	50646	47857	96024	58568	67614	44370	40276	85964
51375	42451	76889	68096	80657	91046	95340	70209	23825	46031	45306	64476

Zufallszahlen (Quelle: Sachs, Lothar, a.a.O., S. 49)

V. Zusammenfassende Darstellung

Problemschwerpunkte	Verfahrensstufen	Erhebungstechniken
Bildung ablauforientierter Einheiten	Differenzierung nach Tätigkeitsarten	Interview Selbstaufschreibung
Berücksichtigung zeitlicher Schwankungen Prognose der zukünftigen Arbeitsmenge Repräsentativität bei Teilerhebungen	Ermittlung der Arbeitsmenge	Selbstaufschreibung Dokumentenstudium
Beurteilung des Leistungsgrads Repräsentativität bei Teilerhebungen	Ermittlung der Bearbeitungszeit (Leistungs- und Verteilzeiten)	Selbstaufschreibung Beobachtung Laufzettelverfahren Systeme vorbestimmter Zeiten
	Bestimmung der Normalarbeitszeit	Dokumentenstudium Interview
	Errechnung des Personalbedarfs	

VI. Grenzen der Personalbedarfsrechnung

Methodische Personalbemessungen können vor allem daran scheitern, daß die Bearbeitungszeit nicht generalisiert werden kann. Das trifft insbesondere auf geistig-schöpferische Tätigkeiten zu, wie kreative Planungsaufgaben, Koordinations- und Forschungsaufgaben. In diesen Fällen muß der Personalbedarf empirisch, d. h. durch Erfahrung ermittelt werden.

Darüber hinaus muß bedacht werden, daß auch der methodisch ermittelte Personalbedarf nicht frei von Fehlerrisiken ist – selbst wenn der Personalbedarf auf mehrere Stellen nach dem Komma ermittelt würde. Dabei würde im allgemeinen nur eine Scheingenauigkeit vorgetäuscht; denn Unsicherheiten fließen in das Ergebnis dadurch ein, daß – wie erwähnt –

- nicht vorhersehbare Arbeitsmengenschwankungen auftreten können,
- die zukünftige Arbeitsmenge prognostiziert werden muß

  und

- bei der Festlegung der mittleren Bearbeitungszeit die unterschiedliche Leistungsfähigkeit egalisiert wird.

Daraus sollte keineswegs gefolgert werden, daß angesichts dieser Unzulänglichkeiten auf die methodische Personalbemessung ganz verzichtet werden sollte, denn als Alternative bietet sich nur die empirische Ermittlung an, durch die die Zwecke der Personalbedarfsrechnung im allgemeinen weniger gut erreichen werden.

C. Stellenbewertung

I. Gegenstand

Lernziel:

> In diesem Abschnitt sollen Sie die Bestandteile der Arbeitsbewertung kennenlernen.

Das menschliche Grundbedürfnis nach Gerechtigkeit und Anerkennung macht eine gerechte Entlohnung erforderlich. Die Beachtung dieses Äquivalenzprinzips, d. h. des Grundsatzes der Äquivalenz von Lohn und Leistung, ist problematisch, weil die Mitarbeiter unterschiedlich hohe Beiträge zum wirtschaftlichen Erfolg einer Unternehmung leisten und die Bewertung der individuellen Leistung in Abhängigkeit von dem für das erstellte Produkt erzielten Preis in einer arbeitsteiligen Wirtschaft nicht praktikabel ist. Es ist allgemein anerkannt, daß der Wert der Arbeit von

- der Schwierigkeit der Aufgabe,
- der Intensität der Aufgabenerfüllung

  und
- der Effektivität der Aufgabenerfüllung

bestimmt wird.

Die mit einer Stellenaufgabe verbundene Schwierigkeit wird objektiv vorgegeben und ist von dem jeweiligen Stelleninhaber losgelöst. Demgegenüber sind die Intensität (Arbeitsdauer und -menge) sowie die Effektivität (Arbeitsgüte) individuell unterschiedlich hoch.

Die Bewertung der Gesamtleistung des einzelnen Mitarbeiters ist Gegenstand der Arbeitsbewertung, die wie folgt unterteilt wird:

Arbeitsbewertung
- Stellenbewertung
- Leistungsbewertung

Im Rahmen der Leistungsbewertung wird die individuelle Leistung hinsichtlich der Intensität und Effektivität festgestellt und mit der Normalleistung verglichen.

> *Als Normalleistung bezeichnet z. B. der Refa die Leistung, die ein geeigneter, geübter und eingearbeiteter Arbeiter auf Dauer verrichten kann, ohne an seiner Gesundheit und Arbeitsfähigkeit Schaden zu leiden; dabei wird unterstellt, daß er die vorgegebenen Pausen zur Erholung einhält.*

Die Stellenbewertung, auf die sich die weitere Darstellung erstreckt, erfaßt die objektive Schwierigkeit einer Stellenaufgabe, wobei hier die Normalleistung vorausgesetzt wird.

II. Genfer Schema und Anforderungsarten

Lernziel:

Sie erhalten einen Überblick über die Unterteilung der Anforderungsarten.

Das Problem bei der Bewertung der Schwierigkeit einer Aufgabe besteht zunächst darin, Bestimmungsfaktoren für die Schwierigkeit zu entwickeln und zu definieren. Dabei handelt es sich um Anforderungen, denn jede Aufgabe stellt bei der Ausführung bestimmte Anforderungen an den Menschen und diese Anforderungen steigen mit zunehmender Schwierigkeit der Aufgabe.

Die Anforderungen ergeben sich zum einen aus dem Fachkönnen, das Voraussetzung dafür ist, daß die Aufgabe überhaupt wahrgenommen werden kann. Es ist dabei unerheblich, wie oft das Fachkönnen eingesetzt werden muß. Zum anderen werden die Anforderungen durch die mit der Aufgabenwahrnehmung verbundene Belastung bestimmt; diese ist von der Intensität und der Dauer der Beanspruchung bei der Aufgabenerfüllung abhängig.

Auf der Internationalen Tagung für Arbeitsbewertung in Genf im Jahr 1950 haben Arbeitswissenschaftler das folgende Grundschema, das sog. **Genfer Schema**, erarbeitet, das – wie die folgende Übersicht zeigt – auf den beiden Bewertungskriterien **Fachkönnen und Belastung** aufgebaut ist:

Hauptanforderungsarten	Fachkönnen	Belastung
Geistige Anforderungen	x	x
Körperliche Anforderungen	x	x
Verantwortung		x
Arbeitsbedingungen		x

Die geistigen und die körperlichen Anforderungen sind unter den beiden Gesichtspunkten Fachkönnen und Belastung zu betrachten, während für die Verantwortung und die Arbeitsbedingungen nur das Ausmaß der Belastung bedeutsam ist.

In allen praktizierten Bewertungssystemen sind die geistigen und körperlichen Anforderungen ebenso wie die Verantwortung enthalten. Die Arbeitsbedingungen, zu denen Umgebungseinflüsse wie Lärm, Schmutz, Nässe, Temperaturen und Unfallgefahren gehören, spielen z. B. für Büro- und Verwaltungstätigkeiten keine nennenswerte Rolle und werden deshalb in der Regel nicht in die Bewertung einbezogen. Aber auch Bewertungssysteme für handwerkliche Tätigkeiten klammern die Arbeitsbedingungen teilweise aus. In diesen Fällen werden die Anforderungen, die sich aus den Belastungen der Arbeitsbedingungen ergeben, bei der Lohnbemessung zwar auch berücksichtigt, aber außerhalb der Bewertungssysteme. Damit ist der Vorteil verbunden, daß bei häufiger Veränderung und bei Wegfall der Umgebungseinflüsse, was im allgemeinen angestrebt wird, das Bewertungssystem nicht geändert zu werden braucht.

Die folgende Übersicht kann aus dem Genfer Schema abgeleitet werden und ist in dieser Form in zahlreiche Bewertungssysteme übernommen worden:

Hauptanforderungsarten	geistig	körperlich
Können	x	x
Beanspruchung	x	x
Verantwortung	x	
Arbeitsbedingungen		x

Diese Hauptforderungsarten können weiter unterteilt werden, z. B.:

Hauptanforderungsarten	geistig	körperlich
Können	Schulbildung Berufsausbildung Berufserfahrung	Geschicklichkeit Handfertigkeit Bewegungskoordination
Beanspruchung	Belastung der Sinne und Nerven – Aufmerksamkeit – Denkfähigkeit	Belastung der Muskeln
Verantwortung	für Betriebsmittel Produkte Mitarbeiter – Arbeit – Sicherheit – Gesundheit Arbeitsablauf Wirtschaftliches Ergebnis	
Arbeitsbedingungen		Lärm Schmutz Nässe Temperaturen Unfallgefahr

Bei der Gestaltung der Bewertungssysteme muß geklärt werden, in welchem Ausmaß eine Differenzierung nach **Anforderungsarten** erfolgen soll. In der Praxis schwankt die Anzahl der Anforderungsarten zwischen 3 und ungefähr 30. Die meisten Bewertungssysteme enthalten 10 bis 16 Anforderungsarten. Die Unterteilung z. B. der Hauptanforderung Beanspruchung in die geistige Beanspruchung und weiter in Aufmerksamkeit und Denkfähigkeit erleichtert die Bewertung, weil durch die verfeinerten und präziseren Begriffsinhalte Unterschiede in der Arbeitsschwierigkeit besser erkannt werden können. Mit einer begrifflichen Unterteilung nehmen gleichzeitig die Schwierigkeiten zu, die Anforderungsarten eindeutig zu definieren und gegeneinander abzugrenzen. Das aber ist außerordentlich bedeutsam, denn Überschneidungen in den Anforderungsarten führen zu Mehrfachbewertungen. Die Forderung nach einer klaren definitorischen Abgrenzung gewinnt dadurch zusätzlich an Bedeutung, daß zwischen den Anforderungsarten Korrelationen bestehen, die sich auch bei Verwendung nur weniger Anforderungsarten überhaupt nicht vermeiden lassen. So wird z. B. die Verantwortung eine Beanspruchung zur Folge haben, ebenso wie die Beanspruchung und das Können Verantwortung entstehen lassen.

Je verschiedenartiger die Tätigkeiten in einer Unternehmung sind, um so allgemeiner müssen die Anforderungsarten definiert sein, wenn das Bewertungsverfahren auf alle Berufsgruppen anwendbar sein soll. Dies sollte im Interesse von Vergleichsmöglichkeiten zwischen den Berufsgruppen angestrebt werden.

Fragen:

15. Wie unterscheiden sich die Stellen- und die Leistungsbewertung?
16. Welche Anforderungsarten enthält das Genfer Schema?
17. In welchen Fällen soll auf eine weitere Untergliederung der Anforderungsarten verzichtet werden?

III. Bewertungsverfahren

Lernziel:

Nach Durcharbeiten dieses Abschnitts sollen Sie die Standard-Bewertungsverfahren erläutern können.

1. Unterscheidungskriterien

Unterschiede zwischen den Bewertungsverfahren ergeben sich aus dem verschiedenartigen Vorgehen bei der Erfassung der Anforderungsstrukturen der Stellen. Das ist zum einen im Rahmen eines **summarischen Verfahrens** möglich. Dabei werden sämtliche Anforderungen, die sich aus der Stellenaufgabe ergeben, insgesamt betrachtet und ganzheitlich bewertet.

Zum anderen kann der eigentlichen Bewertung eine systematische Aufteilung der Gesamtanforderung in Einzelanforderungsarten vorgeschaltet werden mit dem Ziel, ein verbessertes Bewertungsergebnis zu erreichen. Dieses Vorgehen ist Bestandteil der **analytischen Bewertungsverfahren.**

Sowohl bei dem summarischen als auch dem analytischen Verfahren kann weiter danach unterschieden werden, nach welchem Prinzip der Stellenwert ermittelt wird; das kann durch das **Prinzip der Reihung oder Stufung** geschehen.

Im Fall der Reihung werden die Stellen in eine stufenlose Rangordnung gebracht („eingereiht"). Dabei steht die Stelle mit den höchsten Anforderungen an der Spitze der Rangreihe, es folgt die Stelle mit den nächstgeringeren Anforderungen usw. Bei der Stufung werden zunächst Anforderungsstufen für unterschiedliche Schwierigkeitsintervalle gebildet. Danach werden die Stellen in die jeweilige Stufe eingeordnet („eingestuft").

Daraus ergeben sich folgende Standard-Bewertungsverfahren:

Bewertungsprinzip	Bewertungsmethode	
	summarisch	analytisch
Reihung	Rangfolgeverfahren	Rangreihenverfahren
Stufung	Lohngruppenverfahren Katalogverfahren	Wertzahlverfahren

2. Summarische Bewertungsmethode

a) Rangfolgeverfahren

Die Stellen werden durch eine Gesamtbewertung der Anforderungen in der Reihenfolge ihrer Schwierigkeit aneinander gereiht. Die Rangfolge entspricht einer Wertskala, wobei über die Höhe der Unterschiede zwischen den Rangplätzen keine Aussagen gemacht werden. Es darf nicht unterstellt werden, daß die Schwierigkeitsintervalle zwischen den Rangplätzen gleich sind.

Die Einreihung der Stellen erfolgt durch Vergleich. Dabei kann man so vorgehen, daß zunächst die Stellen einer Abteilung in eine Rangfolge gebracht und danach die Stellen anderer Abteilungen in die vorhandene Rangfolge „einsortiert" werden. Wibbe vergleicht dieses Vorgehen treffend mit dem Ordnen eines Kartenspiels und spricht deshalb auch von der **Spielkartenmethode**. Diese Methode ist mit einem nur geringen Arbeitsaufwand verbunden. Eine größere Zuverlässigkeit der Bewertung kann allerdings durch den paarweisen Vergleich erreicht werden. Dabei wird jede Stelle mit jeder anderen verglichen. Die höherwertige Stelle erhält ein „+"-Zeichen. Die Anzahl der „+"-Zeichen, die auf die einzelnen Stellen entfallen sind, entscheidet über die Rangfolge. Diese Methode ist bei einer größeren Zahl von zu bewertenden Stellen arbeitsaufwendig. Bei z. B. 100 Stellen sind bereits 4950 Vergleiche durchzuführen. Die Zahl der Vergleiche ergibt sich aus der Formel

$$\frac{n \cdot (n-1)}{2}$$

wobei n die Anzahl der zu bewertenden Stellen bedeutet.

Voraussetzung für die Anwendung des Rangfolgeverfahrens ist, daß die an der Bewertung beteiligten Personen alle Stellenaufgaben gut kennen und die Aufgabeninhalte beurteilen können. Das wird um so schwieriger, je größer die Anzahl der Stellen ist und je verschiedenartiger die Aufgaben sind. Als weiterer kritischer Punkt kommt hinzu, daß die Ergebnisse stark subjektiv bestimmt und nicht nachvollziehbar sind. Der Vorteil dieses Verfahrens besteht in der Einfachheit. Anwendungsmöglichkeiten sind vor allem in kleinen Unternehmungen mit wenig unterschiedlichen Stellenaufgaben gegeben.

b) Lohngruppenverfahren

Beim Lohngruppenverfahren werden die Stellen nicht entsprechend dem Schwierigkeitsgrad aneinander gereiht. Es werden vielmehr Stufen, Lohngruppen, für unterschiedliche Gesamtanforderungen gebildet und definiert, denen die Stellen nach ihrer Schwierigkeit zugeordnet werden. Schwierigkeiten können beim Beschreiben der Lohngruppen entstehen. Die Definition muß um so allgemeiner gehalten sein, je verschiedenartiger die Stellenaufgaben sind. Mit einer wenig detaillierten Beschreibung nimmt aber gleichzeitig das Risiko zu, daß eine unrichtige Einstufung erfolgt.

Als Beispiel für das Lohngruppenverfahren wird vielfach auf den Lohngruppenkatalog Eisen und Metall aus dem Jahr 1942 hingewiesen. Die darin enthaltene Abstufung der Anforderungen findet sich auch heute noch häufig in Tarifverträgen. Die 8 Lohngruppen sind wie folgt beschrieben:

Lohngruppe 1:
Einfachste Arbeiten, die ohne jegliche Ausbildung nach kurzer Anweisung ausgeführt werden können.

Lohngruppe 2:
Einfache Arbeiten, die eine geringe Sach- und Arbeitskenntnis verlangen, aber ohne jegliche Ausbildung nach einer kurzfristigen Einarbeitungszeit ausgeführt werden können, oder einfachste Arbeiten von erschwerender Art.

Lohngruppe 3:
Arbeiten, die eine Zweckausbildung oder ein systematisches Anlernen bis zu 6 Monaten, eine gewisse berufliche Fertigkeit, Übung und Erfahrung verlangen, ferner einfache Arbeiten von besonders erschwerender Art.

Lohngruppe 4:
Arbeiten, die ein Spezialkönnen verlangen, das erreicht wird durch eine abgeschlossene Anlernausbildung oder durch ein Anlernen mit zusätzlicher Berufserfahrung, oder einfachere Arbeiten von ganz besonders erschwerender Art.

Lohngruppe 5:
Facharbeiten, die neben beruflicher Handfertigkeit und Berufskenntnissen einen Ausbildungsstand verlangen, wie er entweder durch eine fachentsprechende, ordnungsgemäße Berufslehre oder durch eine abgeschlossene Anlernausbildung und zusätzliche Berufserfahrung erzielt wird.

Lohngruppe 6:

Schwierige Facharbeiten, die besondere Fertigkeiten und langjährige Erfahrungen verlangen, oder Arbeiten, die eine abgeschlossene Anlernausbildung erfordern und unter besonders erschwerenden Umständen ausgeführt werden müssen.

Lohngruppe 7:

Besonders schwierige oder hochwertige Facharbeiten, die an das fachliche Können und Wissen besonders hohe Anforderungen stellen und völlige Selbständigkeit und hohes Verantwortungsbewußtsein voraussetzen.
Ferner schwierige Facharbeiten unter besonders erschwerenden Umständen.

Lohngruppe 8:

Hochwertige Facharbeiten, die meisterliches Können, absolute Selbständigkeit, Dispositionsvermögen, umfassendes Verantwortungsbewußtsein und entsprechende theoretische Kenntnisse erfordern.

In vielen Fällen werden den Lohngruppen Richtbeispiele zugeordnet, um die Einstufung der Stellen zu erleichtern; z. B. wird in dem Lohngruppenkatalog Eisen und Metall als typische Tätigkeit der Lohngruppe 6 angesehen das normale Drehen auf Großdrehbänken sowie das Gewindeschneiden nach Güteklasse „mittel" bei schwierigen und „fein" bei einfachen Werkstücken ohne Spezialeinrichtung. Erfahrungsgemäß nimmt die Zahl der Richtbeispiele schnell zu; nach etwa einem Jahr enthielt der erwähnte Lohngruppenkatalog bereits rd. 2000 Richtbeispiele. Damit entstand ein Bewertungskatalog. Deshalb bezeichnet man das Lohngruppenverfahren mit Richtbeispielen auch als Katalogverfahren.

3. Analytische Bewertungsmethode

a) Rangreihenverfahren

Die Gesamtanforderung wird in Anforderungsarten unterteilt. Die Arbeitsschwierigkeit wird also nicht wie beim Rangfolgeverfahren insgesamt, sondern für jede Anforderungsart getrennt bestimmt. Damit ist ein bedeutsamer Vorteil bei der Bewertung verbunden. Das Risiko der Überforderung der Bewerter dadurch, daß sie sämtliche schwierigkeitsbestimmenden Faktoren, für die es noch nicht einmal eindeutige Maßgrößen gibt, gleichzeitig beurteilen müssen, wird ausgeschaltet.

Die Zuverlässigkeit der Bewertungsergebnisse kann durch die Vorgabe von Schlüsselarbeiten verbessert werden. Dabei handelt es sich – ähnlich wie bei den Richtbeispielen des Lohngruppenverfahrens – um konkrete Teilaufgaben der Unternehmung, die nach Möglichkeit jeweils für die höchste und die geringste Schwierigkeit im Rahmen jeder Anforderungsart bestimmt werden. Damit wird eine zusätzliche Orientierungshilfe geschaffen.

Als Ergebnis des Rangreihenverfahrens ergeben sich Rangreihen in der Anzahl der gebildeten Anforderungsarten. Dabei nehmen die Stellen im allgemeinen in den Rangreihen unterschiedliche Rangplätze ein – z. B. hohes fachliches Können, geringe geistige Belastung und mittlere Verantwortung.

Der wesentliche Nachteil dieses Verfahrens besteht darin, daß die Rangplätze nicht addiert und somit die Gesamtschwierigkeit der Aufgabe ermittelt werden kann, denn die

Anforderungsarten sind nicht gewichtet. Im Rahmen des Rangreihenverfahrens werden keine Angaben über die Wertigkeit der Anforderungsarten gemacht.

b) Wertzahlverfahren

Für jede Anforderungsart werden Stufen definiert, die den unterschiedlichen Schwierigkeitsgrad ausdrücken; z. B. für die Anforderungsart Verantwortung für Betriebsmittel:

1. Stufe: gering
2. Stufe: mittel
3. Stufe: groß

oder für die Anforderungsart Fachkönnen:

1. Stufe: kurze Anweisung
2. Stufe: Einarbeitung bis 3 Wochen nach Anweisung
3. Stufe: anlernen bis 3 Monate
4. Stufe: anerkannte Anlernausbildung
5. Stufe: Fachlehrausbildung

Diesen einzelnen Stufen werden Wertzahlen (Punkte) zugeordnet z. B.:

Bewertungsstufe	Wertzahl
1. kurze Anweisung	2
2. Einarbeitung bis 3 Wochen nach Anweisung	4
3. anlernen bis 3 Monate	6
4. anerkannte Anlernausbildung	8
5. Fachlehrausbildung	10

Die Wertzahlfolge innerhalb einer Anforderungsart muß keinesfalls gleiche Stufenunterschiede aufweisen, sondern kann durchaus – je nach Entwicklung des Schwierigkeitsgrads – progressiv oder degressiv gestaltet werden.

Der Wert einer Stelle wird von den Anforderungsarten nicht in jeweils gleicher Höhe bestimmt. So wirkt sich z. B. die Höhe des Fachkönnens im allgemeinen stärker auf den Stellenwert aus als die Beanspruchung oder die Verantwortung. Wegen des unterschiedlichen Einflusses der Anforderungsarten muß eine Gewichtung vorgenommen werden. Bei einer Untergliederung der Hauptanforderungsarten ist es zweckmäßig, zunächst diese Hauptanforderungsarten zu gewichten und danach die auf sie entfallenden Anteile auf die Anforderungsunterarten zu verteilen.

Beispiel:

Es sind insgesamt 100 Gewichtungspunkte zu verteilen. Im 1. Schritt werden Fachkönnen, Beanspruchung und Verantwortung gewichtet, und zwar im Verhältnis 5 zu 2 zu 3; sie erhalten damit Gewichtungsfaktoren von 50, 20 und 30. Bei einer weiteren Unterteilung z. B. der Beanspruchung wird angenommen, daß der Einfluß der Aufmerksamkeit und der Denkfähigkeit sich auf den Stellenwert im Verhältnis 1 zu 4 auswirken soll. Damit ergeben sich Gewichtungsfaktoren von 4 und 16. Für die Unterteilung des Fachkönnens und der Verantwortung gelten die Ausführungen analog.

Gesamtanforderung
100

- Fachkönnen
  5/10 von 100
  = 50
  - Ausbildung
    3/5 von 50 = 30
  - Erfahrung
    1/5 von 50 = 10
  - Geschicklichkeit
    1/5 von 50 = 10
- Beanspruchung
  2/10 von 100
  = 20
  - Aufmerksamkeit
    1/5 von 20 = 4
  - Denkfähigkeit
    4/5 von 20 = 16
- Verantwortung
  3/10 von 100
  = 30
  - eigene Arbeit
    2/5 von 30 = 12
  - fremde Arbeit
    3/5 von 30 = 18

Es gibt keine allgemeingültige Gewichtung der Anforderungsarten; diese ist vielmehr nach den Besonderheiten der Unternehmung auszurichten und sollte auch die vorhandene Lohn- und Gehaltsstruktur berücksichtigen, die sich im Laufe der Jahre ergeben und im allgemeinen als richtig erwiesen hat. Aus diesen Gründen sind bei den praktizierten Wertzahlverfahren auch sehr unterschiedliche Gewichtungsfaktoren festzustellen.

Bei dem Bewertungsvorgang werden die Tätigkeiten zunächst einzelnen Anforderungsstufen zugeordnet und mit der vorgegebenen Wertzahl versehen, die dann mit dem Gewichtungsfaktor multipliziert wird. Die Gesamtsumme aller Punktzahlen ergibt den Stellenwert; je höher die Punktzahl, desto höherwertiger ist die Stelle.

Das Wertzahlverfahren, auch als **Stufenwertzahlverfahren** bezeichnet, wird in zahlreichen Unternehmungen und auch in der öffentlichen Verwaltung, wie z. B. in der Freien und Hansestadt Hamburg, angewendet. Daraus kann sicherlich gefolgert werden, daß dieses Verfahren zufriedenstellende Ergebnisse liefert. Die maßgeblichen Vorteile gegenüber den anderen Verfahren liegen in der weitgehenden Ausschaltung subjektiver Momente bei der Bewertung sowie in der Nachvollziehbarkeit der Ergebnisse.

4. Mischverfahren

In der Praxis werden die Standardverfahren in der reinen Form keineswegs immer angewendet. Vielmehr wurde eine Reihe von Mischverfahren entwickelt. So werden vielfach das **Reihen- und Stufenprinzip** gleichzeitig angewendet. Dadurch wird die Zuverlässigkeit der Bewertungsergebnisse erhöht, indem nämlich die durch Stufung ermittelten Bewertungsergebnisse zusätzlich durch eine Reihung überprüft werden.

Es werden im Rahmen von analytischen Verfahren auch Richtbeispiele verwendet, die teilweise einen erheblichen Umfang annehmen, so daß es sich damit um ein analytisches Katalogverfahren handelt.

IV. Zusammenfassende Beurteilung der Bewertungsverfahren

Durch die methodische Stellenbewertung kommt man dem Ziel einer gerechten Arbeitsbewertung erheblich näher, auch wenn es für geistige und psychische Leistungen keine naturwissenschaftlichen Meßsysteme gibt und es sich somit bei den Bewertungsergebnissen nur um versachlichte Schätzungen handeln kann, die auf empirischen Grundlagen beruhen.

Welches Verfahren im Einzelfall am geeignetsten ist, kann generell nicht beantwortet werden. Das ist u. a. davon abhängig, welche betrieblichen Gegebenheiten vorliegen (z. B. Anzahl und Verschiedenartigkeit der Stellen) und wie das Bewertungsverfahren ausgestaltet werden soll. Im allgemeinen sind die analytischen den summarischen Verfahren überlegen, insbesondere wenn die zu bewertenden Stellen hinsichtlich der individuellen Anforderungen nur schwer überschaubar sind. Darüber hinaus haben die analytischen Verfahren den Vorteil der Nachvollziehbarkeit, wodurch die Umsetzung erheblich erleichtert wird.

Fragen:

18. Welcher wesentliche Unterschied besteht zwischen der summarischen und der analytischen Stellenbewertung?
19. Wie kann beim Rangfolgeverfahren die Wertfolge der Stellen bestimmt werden?
20. Warum wird das Lohngruppenverfahren auch als Katalogverfahren bezeichnet?
21. Kann der Gesamtwert einer Stelle durch Addition der Rangplätze in den Rangreihen ermittelt werden? (Begründung)

Antworten zu den Fragen

1. Die Bestimmung des quantitativen Personalbedarfs ist erforderlich, damit die Aufgaben ziel- und zeitgerecht erfüllt werden können, ohne daß die Angemessenheit der Arbeitsbelastung überschritten wird und unnötige Personalkosten entstehen.
2. Die Arbeitsbelastung ist unangemessen hoch, und/oder die Aufgaben werden nur unzureichend erfüllt.
3. Die Tätigkeiten sind zu ablauforientierten Einheiten zusammenzufassen.
4. • Berücksichtigung von zeitlichen Schwankungen, die als strukturelle oder zufällige Schwankungen auftreten können.

   • Prognose der zukünftigen Arbeitsmenge.
5. Nur, wenn keine Terminvorgaben für die Aufgabenerfüllung bestehen oder bei Bedarf zusätzliche Arbeitskräfte beschafft werden können; sonst höhere als die durchschnittliche Arbeitsmenge zugrunde legen.
6. • Der während der Erhebung erbrachte Leistungsgrad wird auch bei der zukünftigen Aufgabenerfüllung vorausgesetzt und kann somit auf Dauer einen zu hohen oder zu niedrigen Personalbestand zur Folge haben.

   • Der Leistungsgrad ist häufig individuell unterschiedlich und muß vereinheitlicht werden.
7. • Leistungswertvergleiche (inner-, überbetrieblich),

   • Simulation.
8. • Leistungszeiten (Aufgabenerfüllungszeiten und Zeiten für ablaufbedingte Unterbrechungen),

   • sachliche Verteilzeiten (planmäßige und störungsbedingte Verteilzeiten),

   • persönliche Verteilzeiten.
9. Die Normalarbeitszeit ist eine Rechengröße, die die normale zeitliche Verfügbarkeit eines Mitarbeiters i.d.R. während eines Jahres angibt.
10. Der Personalbedarf steigt bei gleichbleibender Arbeitsbelastung sowie unveränderten Sachmitteln und Arbeitsabläufen.
11. Sicherheit und Genauigkeit.
12. Stichprobenumfang erhöhen, um dadurch den Vertrauensbereich zu verkleinern.
13. Bestimmung der Zufallsfehler:

$$e = t \cdot \sqrt{\frac{p \cdot q}{n}}\ , \text{ da } \left(\frac{n \cdot 100}{N}\right) < 5 \text{ v. H.}$$

• Tongeräte	± 4,9 v. H.
• Projektionsgeräte	± 4,7 v. H.
• TV-Geräte	± 3,8 v. H.

Bestimmung der Vertrauensbereiche:

• Tongeräte	44 v. H. ± 4,9 v. H.
• Projektionsgeräte	37 v. H. ± 4,7 v. H.
• TV-Geräte	19 v. H. ± 3,8 v. H.

in absoluten Zahlen:

• Tongeräte	5.280	±	588
• Projektionsgeräte	4.440	±	564
• TV-Geräte	2.280	±	456

14. $$n = \frac{t^2 \cdot s^2}{e^2}$$

$$n = \frac{1{,}96^2 \cdot 160}{1{,}5^2}$$

$$\underline{\underline{n = 273}}$$

Da $\left(\frac{n \cdot 100}{N}\right) = 9{,}1$ v. H. $>$ 5 v. H.,

Verwendung der Formel:

$$n = \frac{t^2 \cdot s^2 \cdot N}{t^2 \cdot s^2 + (N-1) \cdot e^2}$$

$$n = \frac{1{,}96^2 \cdot 160 \cdot 3000}{1{,}96^2 \cdot 160 + (3000-1) \cdot 1{,}5^2}$$

$$\underline{\underline{n = 250}}$$

Die Stichprobe braucht somit nur einen Umfang von 250 zu haben.

15. Stellenbewertung anhand objektiver, Leistungsbewertung anhand subjektiver Kriterien.

16. Fachkönnen und Belastung hinsichtlich der geistigen und körperlichen Anforderungen. Für Verantwortung und die Arbeitsbedingungen ist das Ausmaß der Belastung bedeutsam.

17. Wenn die Unterschiede nicht mehr eindeutig und klar bestimmt werden und sich somit Mehrfachbewertungen ergeben können.

18. Bewertung der Gesamtanforderung bei der summarischen, Bewertung der Einzelanforderungen bei der analytischen Bewertungsmethode.

19. Spielkartenmethode oder paarweiser Vergleich.

20. Durch das Hinzufügen von Richtbeispielen ergibt sich ein Bewertungskatalog.

21. Nein, da Anforderungsarten nicht gleichgewichtig.

Literaturverzeichnis

Personalbemessung

Barth, W.-Chr. u. a., Hrsg. Schmidt, G., Personalbemessung, Praktische Verfahren zur Bestimmung des quantitativen Personalbedarfs, Gießen 1980

Burkhardt, Claus, Probleme der Personalbemessung im Dienstleistungsbereich, Arbeits- und betriebskundliche Reihe 14, Bund Verlag Köln

Engel, Siegfried, Zur Ermittlung des notwendigen Personalbedarfs in der öffentlichen Verwaltung, in: Der Städtetag 12/1976

Sachs, Lothar, Statistische Auswertungsmethoden, Berlin, Heidelberg, New York 1968

Stellenbewertung

Euler, H./Stevens, H., Die analytische Arbeitsbewertung, Düsseldorf 1956

Knebel, Heinz, Aufbau und Anwendung einer anforderungsgerechten Arbeitsbewertungsmethode, Diss. Hamburg 1970

Lorenz, F.R./Neumann, P., Arbeit richtig bewerten, Heidelberg 1964

Möller, Walther, Arbeitsbewertungen in Industrieunternehmen, München 1974

Tenckhoff, Philipp, Analytische Stellenbewertung, Anforderungsprofile, Leistungsbeurteilung, Bad Harzburg 1973

Wibbe, Josef, Arbeitsbewertung, München 1966

Zander, Ernst, Arbeits- und Leistungsbewertung, Heidelberg 1970

Lehrunterlagen zum Organisator
(Fachkaufmann für Organisation)

herausgegeben von der Akademie für Organisation
unter der Leitung von Dipl.-Kfm. Dipl.-Hdl. Dr. rer. pol. Horst Lindelaub

Organisator als Beruf

Organisationsmethode

Erhebungstechniken

Zielbildung und Bewertung in der Organisationsplanung

Aufgabenanalyse

Techniken der organisatorischen Problemanalyse (kritische Würdigung)

Arbeitsmethodik und Rhetorik

Volks- und betriebswirtschaftliche Grundlagen, Teil 1 und 2

Darstellungstechniken der Aufbau- und Ablauforganisation

Aufbauorganisation

Ablauforganisation

Betriebspsychologie

Betriebssoziologie

Allgemeine Betriebswirtschaftslehre Einführung

Allgemeine Betriebswirtschaftslehre Beschaffung – Lager – Produktion

Allgemeine Betriebswirtschaftslehre Investition und Finanzierung

Allgemeine Betriebswirtschaftslehre Absatzwirtschaft – Personalwirtschaft – Rechnungswesen

Büro- und Verwaltungsorganisation/ Arbeitsstättenverordnung

Personalbedarfsermittlung und Stellenbewertung

Führungstechniken

Präsentations- und Kreativitätstechniken

Grundlagen der ADV

Grundlagen der Statistik

Datenschutz, Datensicherheit und Ordnungsmäßigkeit

Grundlagen der Arbeitssicherheit

Rechtskunde für Kaufleute

Arbeitsrecht

Recht der Berufsausbildung für Organisatoren

GPSR Compliance
The European Union's (EU) General Product Safety Regulation (GPSR) is a set of rules that requires consumer products to be safe and our obligations to ensure this.

If you have any concerns about our products, you can contact us on

ProductSafety@springernature.com

In case Publisher is established outside the EU, the EU authorized representative is:

Springer Nature Customer Service Center GmbH
Europaplatz 3
69115 Heidelberg, Germany

www.ingramcontent.com/pod-product-compliance
Ingram Content Group UK Ltd.
Pitfield, Milton Keynes, MK11 3LW, UK
UKHW021502031026
15588UKWH00002B/953
* 9 7 8 3 4 0 9 0 1 7 4 3 5 *